Impressum
Verlag: BABADADA GmbH, Nedderfeld 112 , 22529 Hamburg
Geschäftsführer / Verlagsleitung: Harald Hof
Druck: Books on Demand GmbH, In de Tarpen 42, 22848 Norderstedt

Imprint
Publisher: BABADADA GmbH, Nedderfeld 112 , 22529 Hamburg, Germany
Managing Director / Publishing direction: Harald Hof
Print: Books on Demand GmbH, In de Tarpen 42, 22848 Norderstedt

اسڪول

school

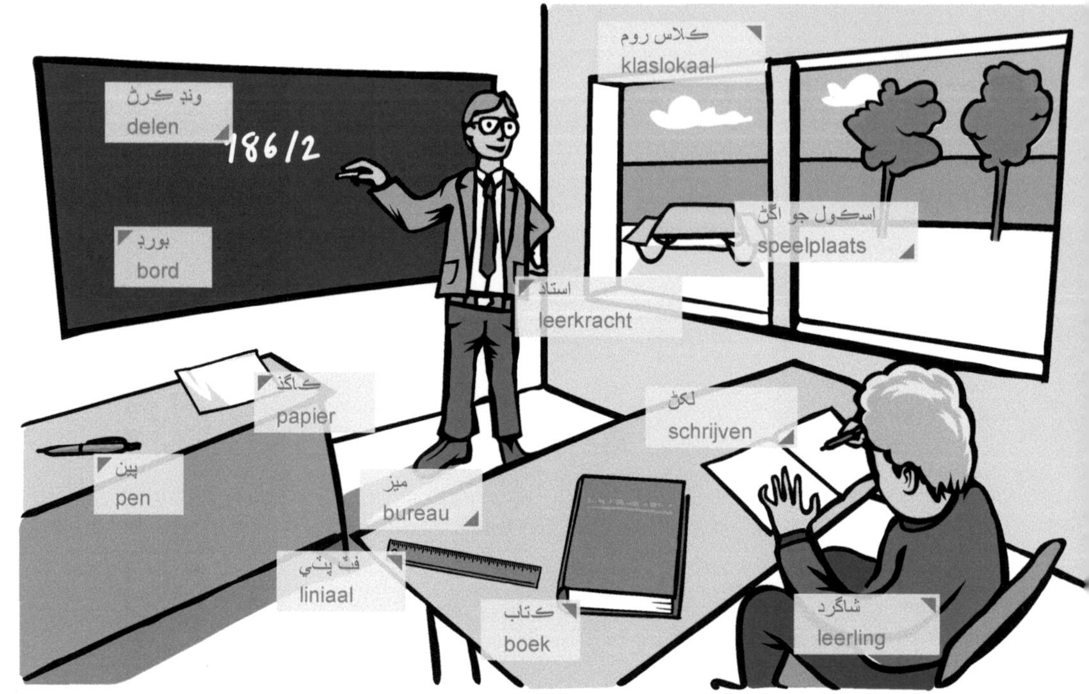
ڪلاس روم
klaslokaal
ونڊ ڪرڻ
delen
186/2
بورڊ
bord
اسڪول جو اگڻ
speelplaats
استاد
leerkracht
ڪاغذ
papier
لکڻ
schrijven
پين
pen
ميز
bureau
فٽ پٽي
liniaal
ڪتاب
boek
شاگرد
leerling

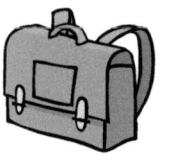

بستو

schooltas

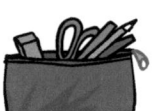

پينسل باڪس

pennenzak

پينسل

potlood

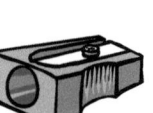

پينسل شارپنر

puntenslijper

رٻڙ

gom

ڊرائنگ پيڊ

tekenblok

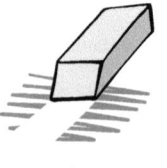

دراننگ
....
tekening

پینٹ برش
....
verfborstel

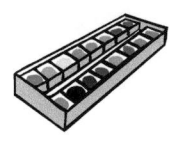

پینٹ باکس
....
verfdoos

قینچی
....
schaar

کئونر
....
lijm

مشق کرڻ واري کاپي
....
werkboek

هوم ورک
....
huiswerk

12

عدد
....
nummer

2+2

جوڙ کرڻ
....
optellen

5-2

کٽ کرڻ
....
aftrekken

2✕2

ضرب کرڻ
....
vermenigvuldigen

حساب کرڻ
....
rekenen

A

خط
....
letter

ABCDEFG
HIJKLMN
OPQRSTU
VWXYZ

الفابيٽ
....
alfabet

لفظ
....
woord

مضمون

tekst

پژوهش

Lezen

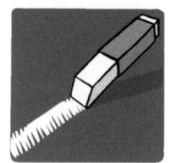

چاک

krijt

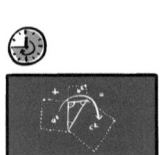

سبق

les

رجسٹر

klassenboek

امتحان

examen

سرٹیفیکیٹ

certificaat

اسکول یونیفارم

schooluniform

تعلیم

onderwijs

انسائکلوپیڈیا

encyclopedie

یونیورسٹی

universiteit

خوردبینی

microscoop

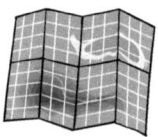

نقشو

kaart

ردي جي ٹوكري

papiermand

سفر

reis

Grand
هوٹل
hotel
هاسٹل
jeugdherberg
ROOMS
CHANGE
رقم تبديل ڪرائڻ جي آفيس
wisselkantoor
سوٽ ڪيس
koffer
ڪار
auto

بولي

Taal

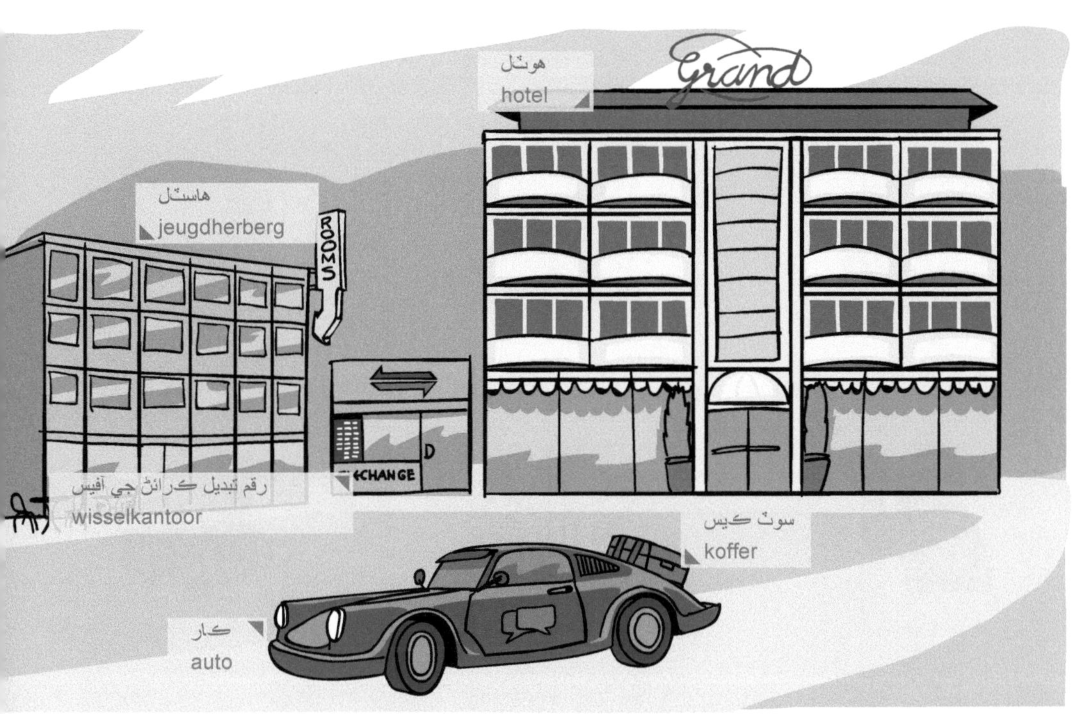

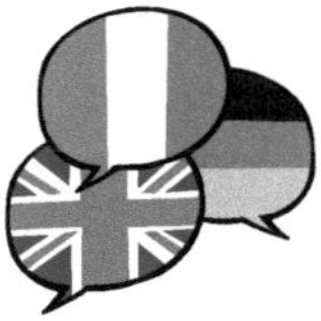

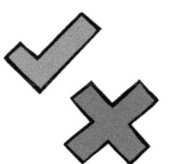

ها يا نه

ja / nee

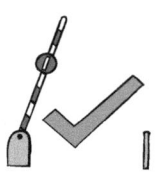

صحيح آهي

oké

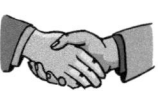

هيلو

hallo

مترجم

vertaler

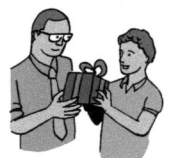

مهرباني

bedankt

هن جي قيمت گهٽي آهي.....؟

Hoeveel kost …?

مون كي سمجه ۾ نٿو اچي

Ik begrijp het niet

مسئلو

probleem

گڊ ايوننگ

Goedenavond!

صبح بخير

Goedemorgen!

شب خير

Goedenavond!

الوداع

Tot ziens

طرف

richting

سفري سامان

bagage

بيگ

zak

پويان بڌن وارو بيگ

rugzak

مهمان

gast

ڪمرو

kamer

بستر وارو بيگ

slaapzak

خيمو

tent

سياحت بابت معلومات

toeristeninformatie

سمندِ كنارو

strand

كريټډ كارډ

kredietkaart

ناشتو

ontbijt

لنچ

lunch

ډنر

avondeten

ټكټ

ticket

لفټ

lift

مهر

postzegel

سرحد

grens

ګاهک

douane

سفارتخانو

ambassade

ويزا

visum

پاسپورټ

paspoort

سمندري جهاز
schip

هوائي جهاز
vliegtuig

باه واسائٹ واري گاڈي
brandweerwagen

ٹرک
vrachtwagen

بس
bus

موٹر بوٹ
motorboot

سائیکل
fiets

کار
auto

فیري
veerboot

بیڑي
boot

موٹر سائیکل
motor

پولیس کار
politiewagen

ریسنگ کار
racewagen

رینٹل کار
huurauto

چشئیرنگ کار

carpoolen

چکٹ وارو ٹرک

sleepwagen

کچری واري ٹرک

vuilniswagen

کار

motor

فیول

benzine

پیٹرول اسٹیشن

benzinestation

ٹریفک جا نشان

verkeersbord

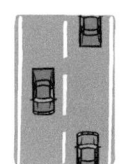

ٹریفک

verkeer

ٹریفک جام

file

کار پارک

parkeerplaats

ٹرین اسٹیشن

station

پٹڑیون

sporen

ٹرین

trein

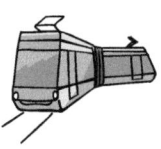

ٹرام

tram

ویگن

wagon

هيليڪاپٽر

helikopter

ايئرپورٽ

luchthaven

ٽاور

toren

مسافر

passagier

ڪنٽينر

container

ڊپو

karton

ريڙهي

kar

ٽوڪري

mand

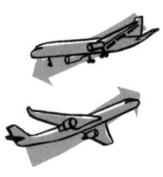

اڏرڻ / زمين تي لھڻ

opstijgen / landen

ڳوٺ

dorp

شهر جو مرڪز

stadscentrum

گهر

huis

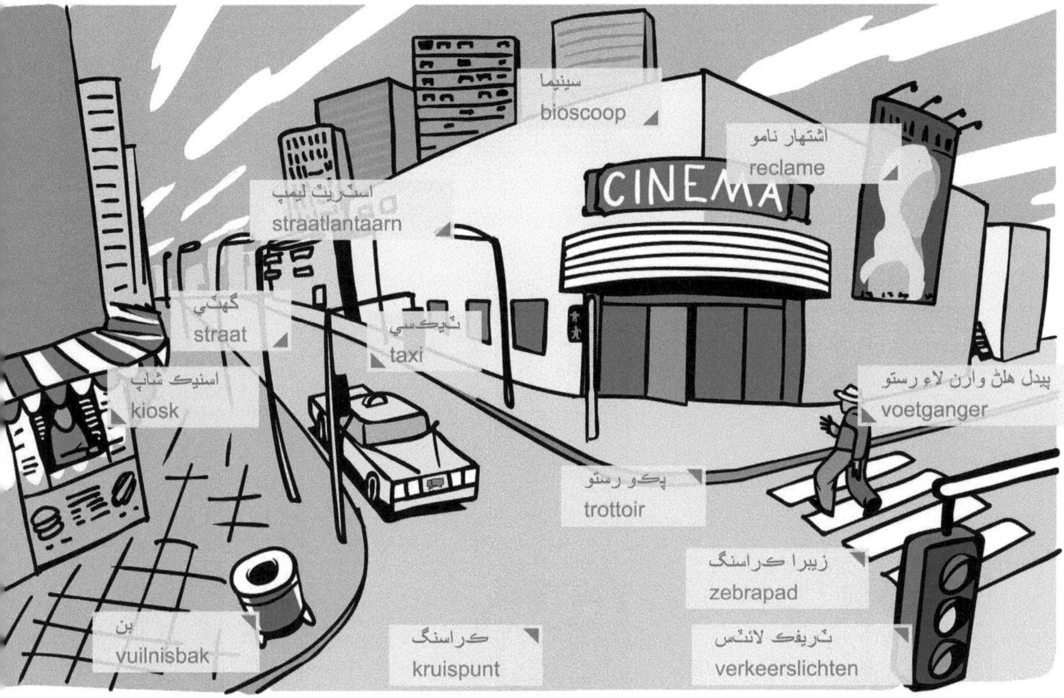

سينيما
bioscoop

اشتهار نامو
reclame

اسټريټ لېمپ
straatlantaarn

CINEMA

ګهټي
straat

ټيکسي
taxi

پيدل هلڅ وارن لاء رستو
voetganger

اسنيک شاپ
kiosk

پکو رستو
trottoir

زيبرا کراسنگ
zebrapad

بن
vuilnisbak

کراسنگ
kruispunt

ټريفك لائټس
verkeerslichten

جهوپړي
hut

فليټ
woning

ټرين اسټېشن
station

ښائون هال
stadshuis

عجائب گهر
museum

اسکول
school

يونيورسټي

universiteit

بينک

bank

اسپتال

ziekenhuis

هوټل

hotel

فارميسي

apotheek

آفس

kantoor

کتابن جي کتاب

boekwinkel

دکان

winkel

گلن جي دکان

bloemenwinkel

سپر مارکيټ

supermarkt

مارکيټ

markt

ډيپارټمينټ اسټور

warenhuis

مڇي جي دکان

vishandelaar

شاپنگ سينټر

winkelcentrum

بندرگاه

haven

پارک

park

بینچ

bank

پل

brug

ڈاکٹ

trap

زیر زمین میٹرو

metro

سرنگ

tunnel

بس اسٹاپ

bushalte

شراب خانو

bar

روسٹورینٹ

restaurant

پوسٹ باکس

brievenbus

اسٹریٹ سائن

straatnaambord

پارکنگ میٹر

parkeermeter

چڑیا گھر

zoo

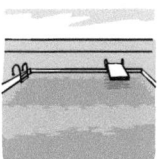

سوئمنگ پول

zwembad

مسجد

moskee

فارم

boerderij

آلودگي

milieuverontreiniging

قبرستان

kerkhof

چرچ

kerk

راند جو ميدان

speelplaats

مندر

tempel

زميني منظر
landschap

پتو
blad

سائن بورڊ
wegwijzer

رستو
weg

ساوڪ واري زمين
weide

پٿر
steen

پيادل هلڻ وارو هائيڪر
wandelaar

وڻ
boom

دريا
rivier

چمر
gras

گل
bloem

وادي
....
vallei

جبل
....
heuvel

ڍنڍ
....
meer

گل
....
bos

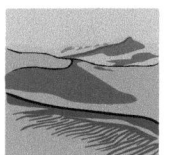

ريگستان
....
woestijn

آتش فشان
....
vulkaan

قلعو
....
kasteel

اندلٺ
....
regenboog

کنيي
....
paddenstoel

کهجي جو وڻ
....
palmboom

مڇر
....
mug

مک
....
vlieg

ڪيولي
....
mier

ماکي جي مک
....
bijl

مکڙي
....
spin

ٹنّدرٹ
....
kever

ڈیڈر
....
kikker

نورینّزو
....
eekhoorn

جاهو
....
egel

خرگوش
....
haas

چپرو
....
uil

پکی
....
vogel

بدک
....
zwaan

سوئر
....
wild zwijn

هرٹ
....
hert

آمریکي هرٹ جو قسم
....
eland

بیم
....
dam

هوا سان هلٹ وارونّربائین
....
windturbine

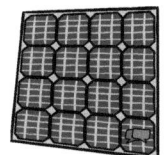

سولر پینل
....
zonnepaneel

آب و هوا
....
klimaat

روسٽورينٽ

restaurant

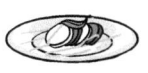

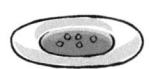

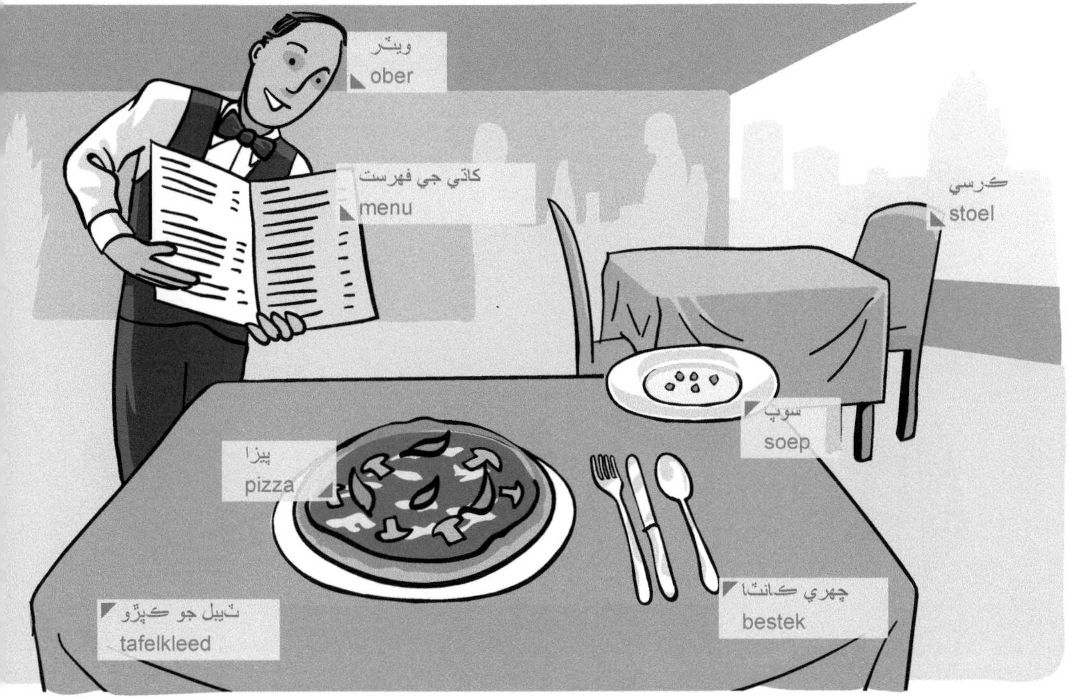
ويٽر
ober
ڪاڌي جي فهرست
menu
ڪرسي
stoel
سوپ
soep
پيزا
pizza
ٽيبل جو ڪپڙو
tafelkleed
چهري ڪانٽا
bestek

اسٽارٽر

....

voorgerecht

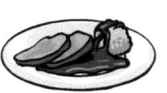

مين ڪورس

....

hoofdgerecht

ڪاڌي ڪانپوءِ کائڻ وارو مٺو

....

nagerecht

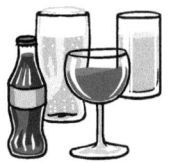

مشروب

....

drankjes

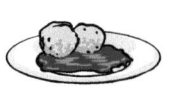

خوراڪ

....

eten

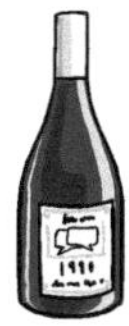

بوتل

....

fles

فاسٹ فوڈ

fastfood

اسٹریٹ فوڈ

street food

کٹلی

theepot

شگر باؤل

suikerpot

ٹکڑو

portie

ایسپریسو مشین

espressomachine

اونچی کرسی

kinderstoel

بل

rekening

ٹري

dienblad

چھري

mes

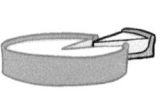

کانٹو

vork

چمچ

lepel

چانهن جو چمچو

theelepel

سرويٹي

serviette

گلاس

glas

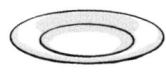

پلیټ

bord

سوپ پلیټ

soepbord

ساسر

schoteltje

چټنی

saus

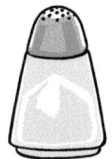

لوڼ داني

zoutvatje

مرچ پیسڼ وارو

pepermolen

سرکو

azijn

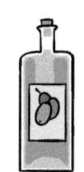

کاڼو پچائڼ وارو تیل

olie

مصالحو

kruiden

کیچ اپ

ketchup

سرنهن

mosterd

مایونیز

mayonaise

سپر مارڪيٽ
supermarkt

خصوصي آفر
aanbieding
FOR
خريدار
klant
بيري
zuivelproducten
ٽرالي
winkelwagen
فروٽ
fruit

BUTCHERS

گوشت جي دڪان

slagerij

BAKERY

بيڪري

bakkerij

وزن ڪرڻ

wegen

سبزيون

groenten

گوشت

vlees

جميل کاڌو

diepvriesvoedsel

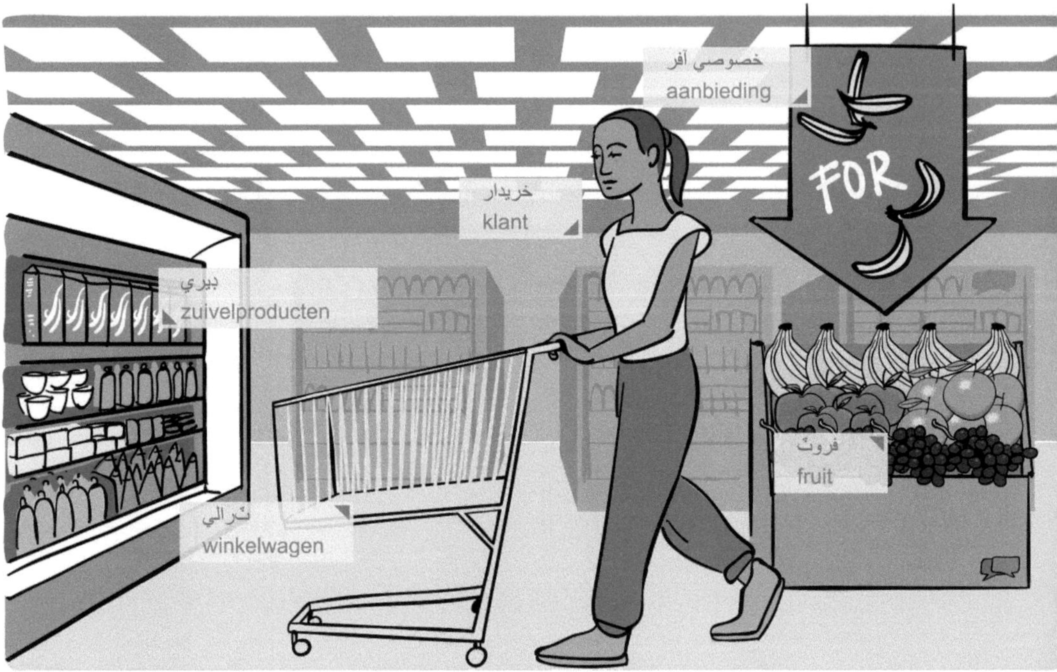

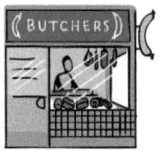

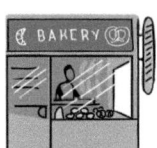

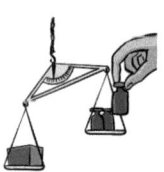

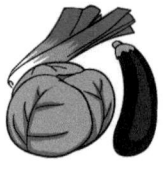

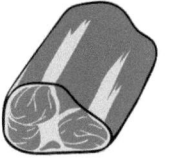

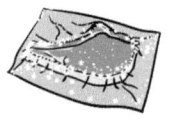

سرد گوشت

charcuterie

ڈبي ۾ بند کاڻو

conserven

واشنگ پاؤڈر

waspoeder

مٺائي

snoep

گھريلو سامان

huishoudproducten

صفائي ڪرڻ وارا پرابڪٽس

schoonmaakproducten

سيلز پرسن

verkoopster

ڪيش رجسٽر

kassa

خزانچي

kassier

خريداري جي فهرست

boodschappenlijstje

اوقات ڪار

openingstijden

پرس

portefeuille

ڪريڊٽ ڪارڊ

kredietkaart

بيگ

tas

پلاسٽڪ بيگ

plastieken zakje

پاڼي

water

جوس

sap

کیر

melk

کوک

cola

وائن

wijn

بینر

bier

الکوهل

alcohol

کوکو

cacao

چاٸي

thee

کافي

koffie

ایسپریسو

espresso

کبیپوچینو

cappuccino

كيلو

banaan

صوف

appel

مالټو

sinaasappel

خربوذو

meloen

ليمون

citroen

گجر

wortel

تّوم

knoflook

بانس

bamboe

بصرل

ajuin

كنيي

champignon

اخروټ، بادام

noten

نوډلز

noodles

اسپيگتّي

spaghetti

چانور

rijst

سلاد

salade

چپس

frieten

تريل پتّاتّا

gebakken aardappelen

پيزا

pizza

هيم برگر

hamburger

سينڊوچ

sandwich

گوشت جو ٽڪرو

kalfslapje

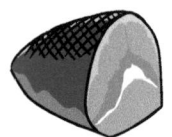

سور جي ران جو گوشت

ham

خشڪ گوشت

salami

ساسيج

worst

مرغي

kip

روسٽ

braden

مڇي

vis

جوَ جو دلیا

havervlokken

میوزلي

muesli

کارن فلیکس

cornflakes

اٹو

bloem

کروُسنٹ

croissant

بریڈ رول

pistolet

بریڈ

brood

ٹوسٹ

toast

بسکٹ

koekjes

مکھن

boter

دہي

kwark

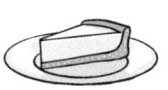

کیک

taart

انڈا

ei

فرائي ٹیل انڈو

spiegelei

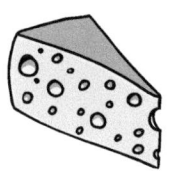

پنیر

kaas

آئس کریم

ijs

کنڈ

suiker

ماکی

honing

مربو

confituur

چاکلیٹ اسپریڈ

choco

باجی

curry

فارم
boerderij

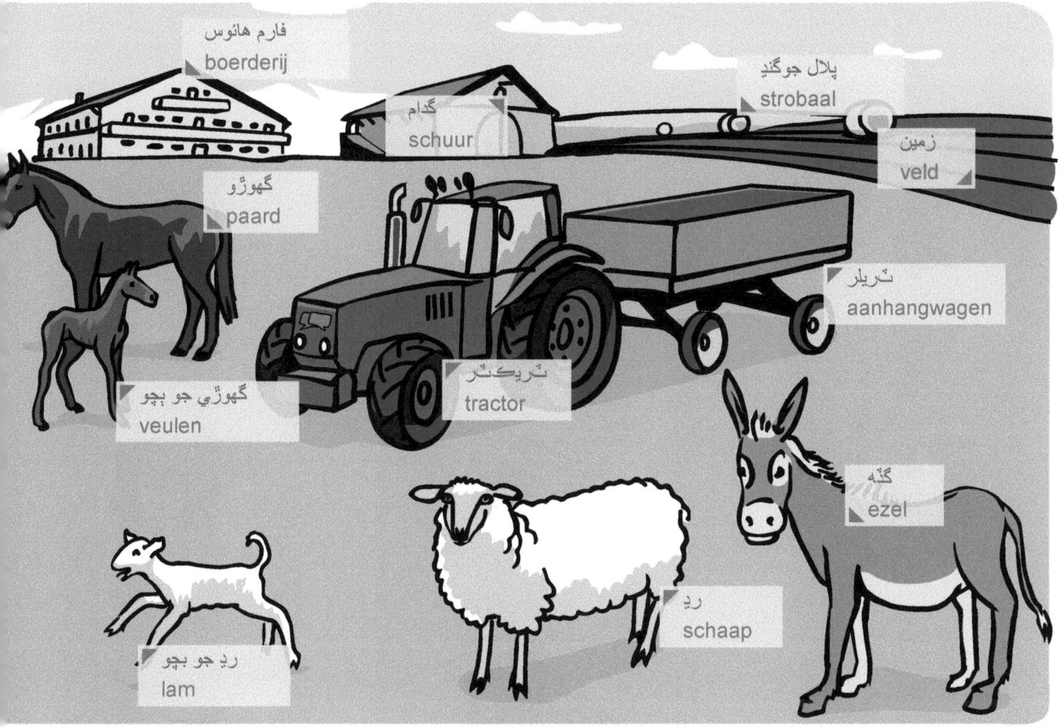
فارم هائوس
boerderij
گدام
schuur
پلال جوگنڍ
strobaal
زمين
veld
گهوڙو
paard
ٽريلر
aanhangwagen
ٽريڪٽر
tractor
گهوڙي جو ٻچو
veulen
گڏه
ezel
رڍ
schaap
رڍ جو ٻچو
lam

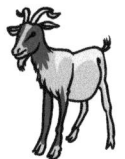

ٻڪري

geit

ڳئون

koe

پاڏو

kalf

سوئر

varken

سوئر جو ٻچو

biggetje

ڏڳو

stier

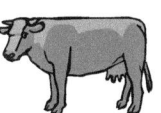

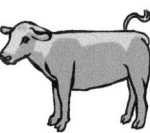

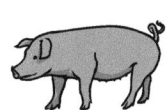

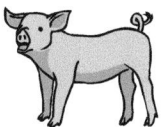

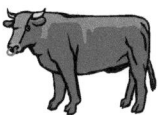

هنس

gans

بدک

eend

چوزا

kuiken

مرغي

kip

مرغو

haan

کونو

rat

ٻلي

kat

کونو

muis

ڏاند

os

کتو

hond

کتي جو گهر

hondenhok

گاردن هوز

tuinslang

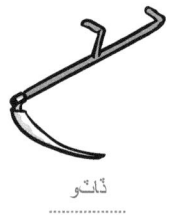

پاڻي جو ڪين

gieter

ڏاٽو

zeis

هر

ploeg

ڈاتو

sikkel

رنبو

schoffel

ڈانداري

hooivork

کهاڑو

bijl

هٹ سان هلائٹ واري ريڑھي

kruiwagen

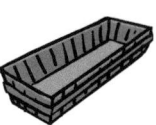

حوض

trog

کير جو ڈبو

melkkan

ڳوٿ

zak

لوڙهو

hek

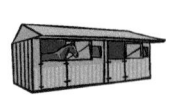

اصطبل

stal

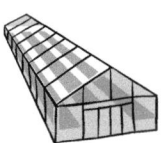

گرين هائوس

broeikas

مٽي

bodem

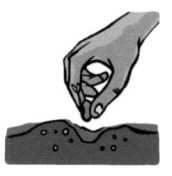

ٻج

zaad

کهاد

mest

کمبائنڈ هارويسٹر

maaidorser

فصل ڪٽڻ

oogsten

فصل ڪٽڻ

oogst

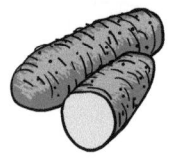

هڪ قسم جي تركاري

yam

ڪڻڪ

tarwe

سويا

soja

پٽاٽو

aardappel

مڪائي

maïs

توري جو ٻج

koolzaad

ميون جو وڻ

fruitboom

ڪساوا

maniok

اناج

graan

گھر

huis

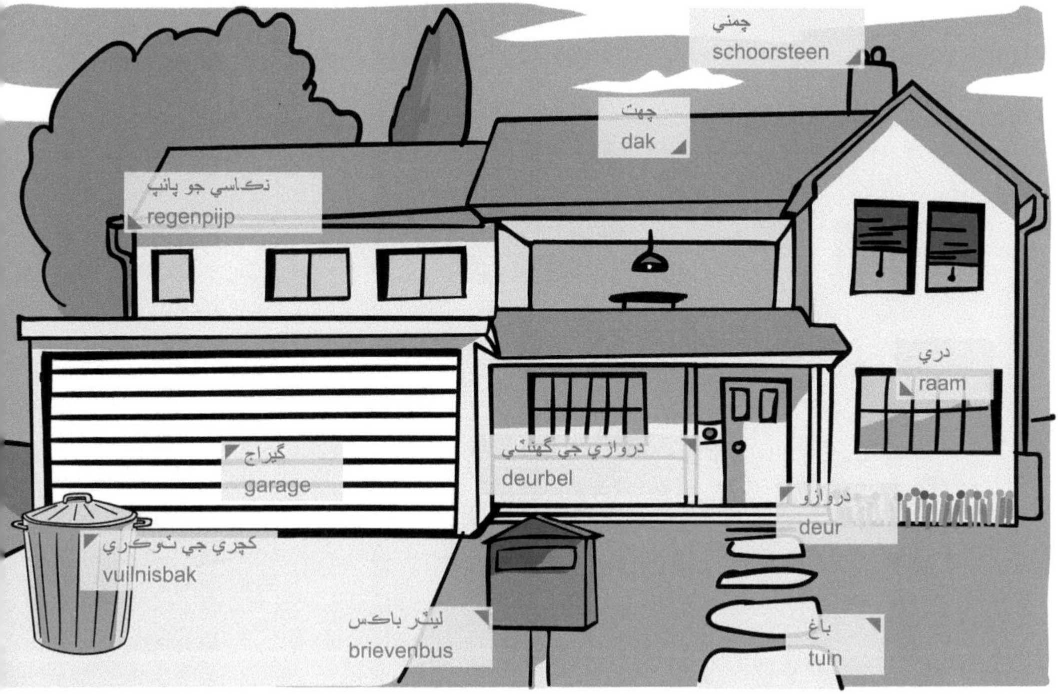
چمني
schoorsteen
چھت
dak
نڪاسي جو پائپ
regenpijp
دري
raam
گيراج
garage
دروازي جي گھنٽي
deurbel
دروازو
deur
ڪچري جي ٽوڪري
vuilnisbak
ليٽر باڪس
brievenbus
باغ
tuin

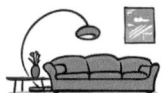

لوونگ روم

woonkamer

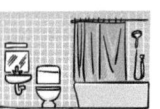

غسل خانو

badkamer

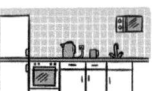

باورچي خانو

keuken

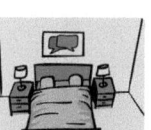

بيڊروم

slaapkamer

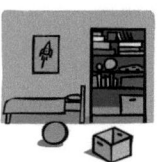

ٻارن جو ڪمرو

kinderkamer

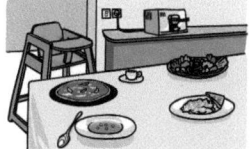

ڊائننگ روم

eetkamer

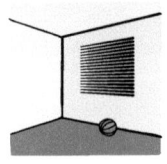

فرش

vloer

دیوار

muur

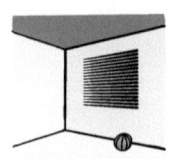

چهت

plafond

تَهخانو

kelder

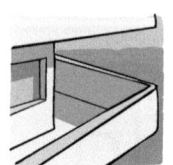

ہاف وارو غسل

sauna

بالکوني

balkon

تّيرس

terras

تلاؤ

zwembad

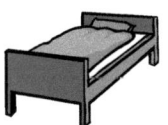

گاه کټن واري مشين

grasmaaier

چادر

dekbedovertrek

چادر

dekbed

بيد

bed

جهاړو

bezem

بالټي

emmer

سونچ

schakelaar

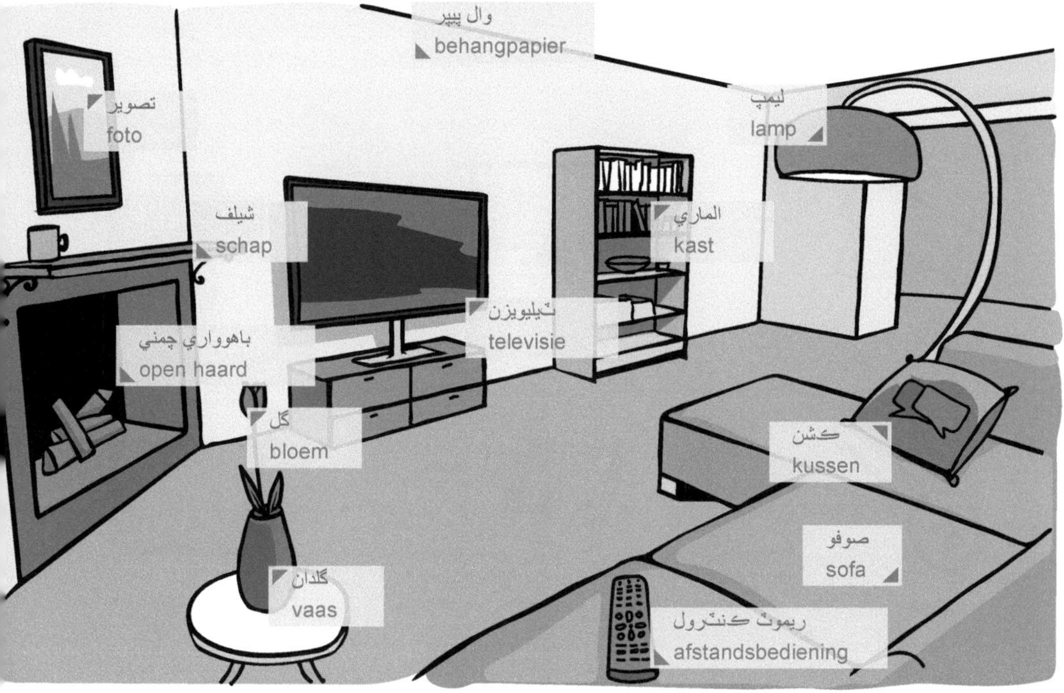

woonkamer

وال پېپر
behangpapier

تصویر
foto

لیمپ
lamp

شیلف
schap

الماري
kast

باهوواري چمني
open haard

ټیلیویزن
televisie

گل
bloem

کشن
kussen

صوفو
sofa

گلدان
vaas

ریموټ کنټرول
afstandsbediening

قالین
mat

پردو
gordijn

میز
tafel

کرسي
stoel

لړن واري کرسي
schommelstoel

آرام کرسي
fauteuil

كتاب

boek

كمبل

deken

آرائش

decoratie

ٻارڻ واريون ڪاٺيون

brandhout

فلم

film

هاڻي فائي

stereo-installatie

چاٻي

sleutel

اخبار

krant

پينٽنگ

schilderij

پوسٽر

poster

ريڊيو

radio

نوٽ بڪ

notitieboekje

ويڪيوم ڪلينر

stofzuiger

ٿوهر جو ٻوٽو

cactus

ميڻ بتي

kaars

باورچي خانو
keuken

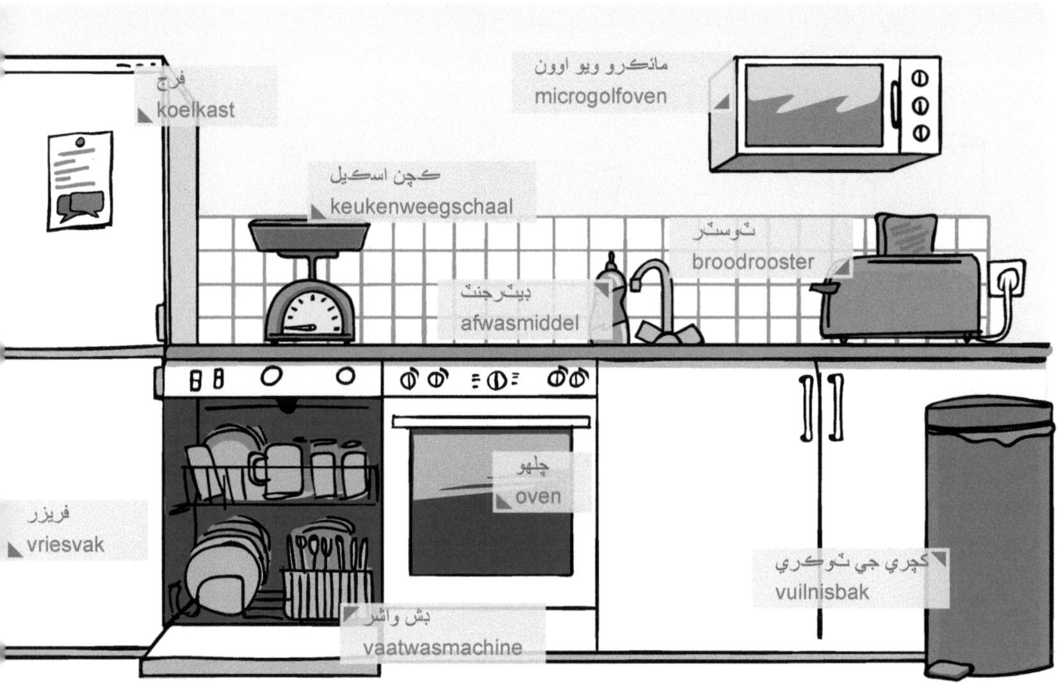

فرج
koelkast
مائڪرو ويو اوون
microgolfoven
ڪچن اسڪيل
keukenweegschaal
ٽوسٽر
broodrooster
ڊيٽرجنٽ
afwasmiddel
چلهو
oven
فريزر
vriesvak
ڪچري جي ٽوڪري
vuilnisbak
ڊش واشر
vaatwasmachine

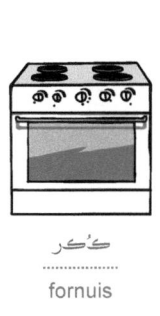

ڪُڪر
....
fornuis

ٿانوَ
....
pot

ڪاسٽ آئرن جا ٿانو
....
gietijzeren pot

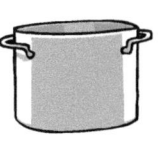

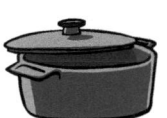

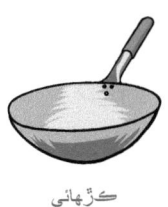

ڪڙهائي
....
wok / kadai

ترڙ وارو ٿانو
....
pan

ڪيٽلي
....
waterkoker

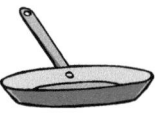

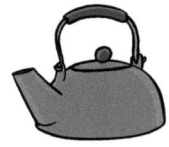

اسټيمر

stoomkoker

بيكنګ ټري

bakplaat

كراكري

servies

مګ

mok

پيالو

kom

چاپ استکس

eetstokjes

ډوني

pollepel

تکفتۍ

spatel

سبزي مكسر

garde

چهاڼۍ

vergiet

چهاڼۍ

zeef

كدو كش وارو اوزار

rasp

اكري

mortier

بار بي كيو

barbecue

كليل باه

haardvuur

سبزي کټنگ وارو بورډ

snijplank

ویلڼ

deegrol

کارک اسکریو

kurkentrekker

کین

blik

کین اوپنر

blikopener

ثانوَ پکړڼ وارو کپړو

pannenlap

سنڪ

gootsteen

برش

borstel

اسفنج

spons

بلینډر

blender

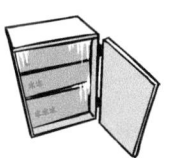

ډیپ فریزر

vriezer

بار جي بوتل

papfles

نل

kraan

badkamer

شاور
douche

هيټنگ
verwarming

ټوال
handdoek

بېل باټ
bubbelbad

شاور کرټين
douchegordijn

باټ ټب
badkuip

واشنگ مشين
wasmachine

ګلاس
glas

ټائلز
tegels

نل
kraan

پاټي
kinderpo

سنک
gootsteen

ټائلټ
....
toilet

اوکړو ويهل وارو ټوائلټ
....
hurktoilet

شرم ګاه ډونټ وارو ټب
....
bidet

پیشاب ګاه
....
urinoir

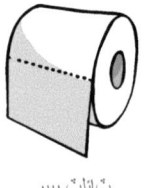

ټائلټ پیپر
....
toiletpapier

ټائلټ برش
....
toiletborstel

تّوتّه برش

tandenborstel

تّوتّه پیسّت

tandpasta

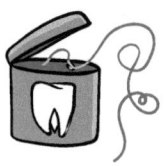

دینتّل فلاس

flosdraad

ژونّ

wassen

هیند شاور

handdouche

شاور

bidethanddouche

بیک برش

waskom

بیک برش

rugborstel

صابن

zeep

شاور جیل

douchegel

شیمپو

shampoo

فلالین

washandje

ډرین

afvoer

کریم

crème

دیوډورنتّ

deodorant

آئينو

spiegel

هغه په پکړۍ وارو آئينو

handspiegel

ريزر

scheermes

ښيونگ فوم

scheerschuim

آفټر شيو

aftershave

ږمنی

kam

برش

borstel

هيئر درائير

haardroger

هيئر اسپري

haarlak

ميک اپ

make-up

سرخي

lippenstift

نيل وارنش

nagellak

کپه

watten

نيل سيزر

nagelknipper

پرفيوم

parfum

واش بیگ

toilettas

اسټول

kruk

وزن کرٹ واري مشین

weegschaal

باٹ روب

badjas

ربڑ جا دستانا

latex handschoenen

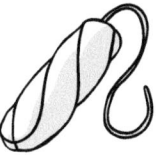

ټیمپون

tampon

صفائي وارو ٹاول

maandverband

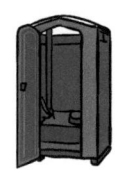

کیمیاني ټوائلٹ

chemisch toilet

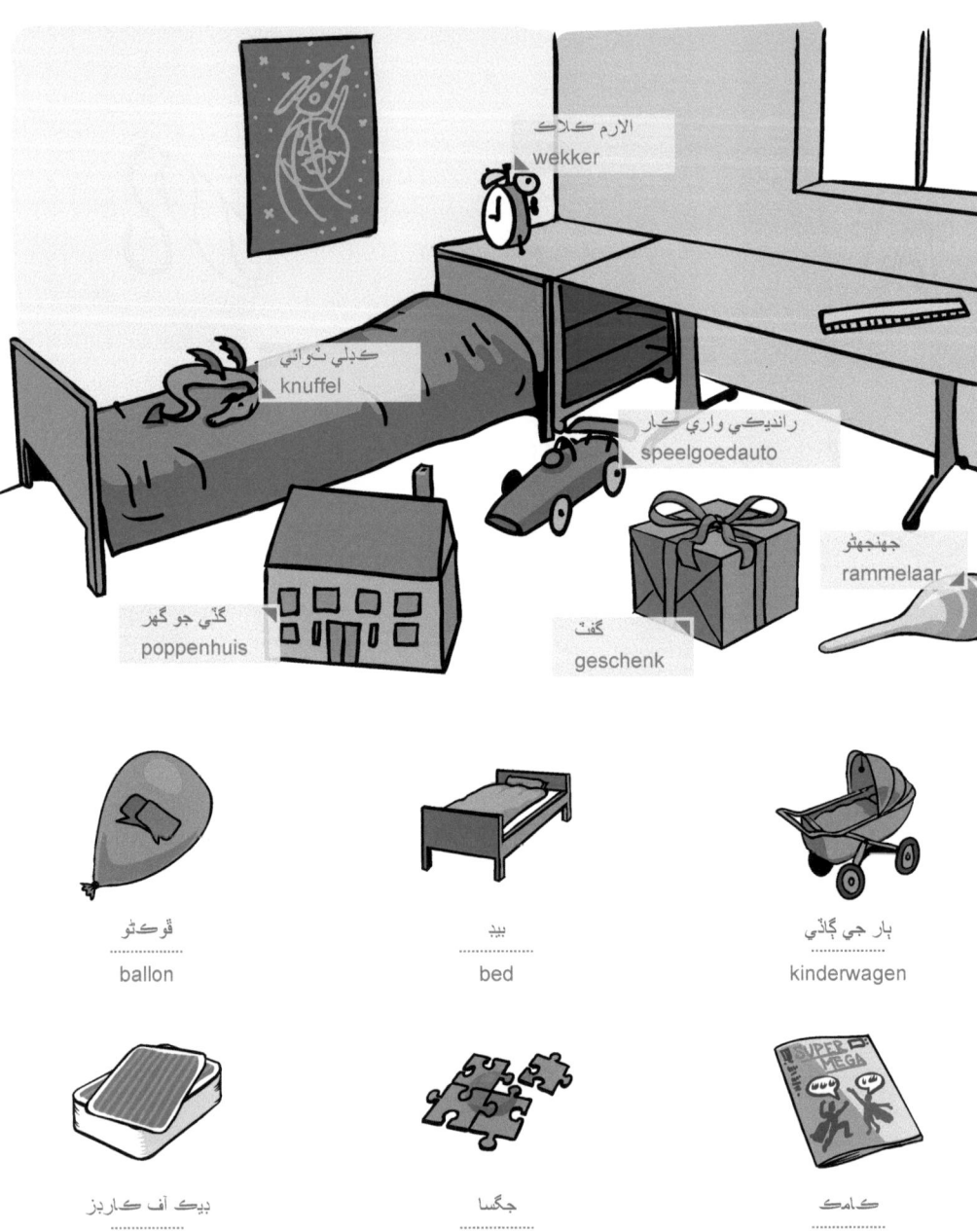

الارم كلاك
wekker

كِڍلي نُوائي
knuffel

رانديكي واري كار
speelgoedauto

جهنجهڻو
rammelaar

گڻي جو گهر
poppenhuis

گفٽ
geschenk

قُوكٽو
ballon

بيڊ
bed

بار جي ڳاڏي
kinderwagen

ڊيك آف كاردز
spel kaarten

جگسا
puzzel

كامك
stripboek

سگربوگیل

legoblokjes

سکالب اراو نکیدنار

blokken

رگف نشکیا

actiefiguur

ورگ يبيب

kruippakje

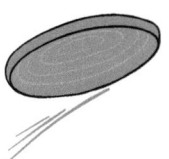

يبسرف

frisbee

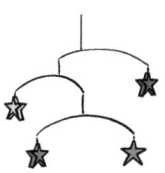

لئابوم يراو يكیدنار

mobiel

میگ درب

bordspel

وکھچ

dobbelsteen

ٹیس نیّت لباد

modelspoorweg

لپن يراو ٹسوچ يج نراب

fopspeen

يّترپ

feest

باتک يراو ریوصت

prentenboek

لاب

bal

يّڏگ

pop

ٹڈیک

spelen

سيند پٽ
....
zandbak

جهولا
....
schommel

رانديڪا
....
speelgoed

وڊيو گيم ڪنسول
....
spelconsole

ٽن ڦيٿن واري سائيڪل
....
driewieler

ٽيڊي بيئر
....
knuffelbeer

ڪپڙن جي الماري
....
kleerkast

جرابا
....
sokken

اسٽاڪنگز
....
kousen

ٽائيٽس
....
maillot

اسکارف
sjaal

چتري
paraplu

نئی شرٹ
T-shirt

بیلٹ
riem

بوٹ
laarzen

چپل
slippers

جاگر شوز
sneakers

سینڈل

sandalen

جوتا

schoenen

ربڑ جا بوٹ

rubberlaarzen

اندرپینٹس

onderbroek

بریزر

beha

واسکٹ

onderhemd

جسم

lichaam

پتلون

broek

جينز پينټ

jeans

اسكرټ

rok

چولو

blouse

قميض

hemd

جرسي

trui

هوډي

capuchontrui

بليزر

blazer

جيكټ

jas

كوټ

jas

بارش م پانڼ وارو كوټ

regenjas

پوشاك

kostuum

لباس

jurk

شادي جولباس

trouwjurk

سوٽ

pak

نائٽ گاؤن

nachthemd

پاجامو

pyjama

ساڙي

sari

مٿي تي بڌڻ وارو اسڪارف

hoofddoek

پڳڙي

tulband

برقعو

boerka

ڪفتان

kaftan

عبايو

abaya

تيراڪي جو لباس

badpak

چڊي

zwembroek

نيڪر

short

ٽريڪ سوٽ

trainingspak

ايپرن

schort

دستانا

handschoenen

بٹن

knoop

چشمو

bril

بریسلیٹ

armband

ہار

ketting

منڈی

ring

والیون

oorbel

ٹوپی

pet

کوٹ ہینگر

kapstok

ٹوپی

hoed

ٹائی

das

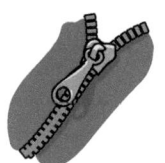

زپ

rits

ہیلمٹ

helm

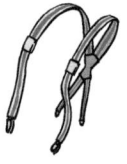

بریسز

bretellen

اسکول یونیفارم

schooluniform

وردی

uniform

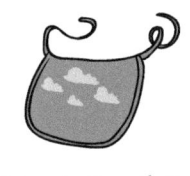

ٻارن لاءِ ڳلي ۾ ٻڌڻ وارو ڪپڙو

....

slabbetje

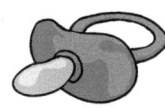

ٻارن جي چوسڻ واري نپل

....

fopspeen

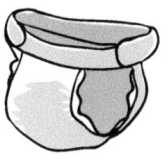

ڪڇو

....

luier

آفس

kantoor

سرور
server
فائلن جي الماري
dossierkast
پرنٽر
printer
ڪاغذ
papier
مانيٽر
monitor
ميز
bureau
مائوس
muis
فولڊر
map
ڪي بورڊ
toestenbord
ردي جي ٽوڪري
papiermand
ڪمپيوٽر
computer
ڪافي مگ
stoel

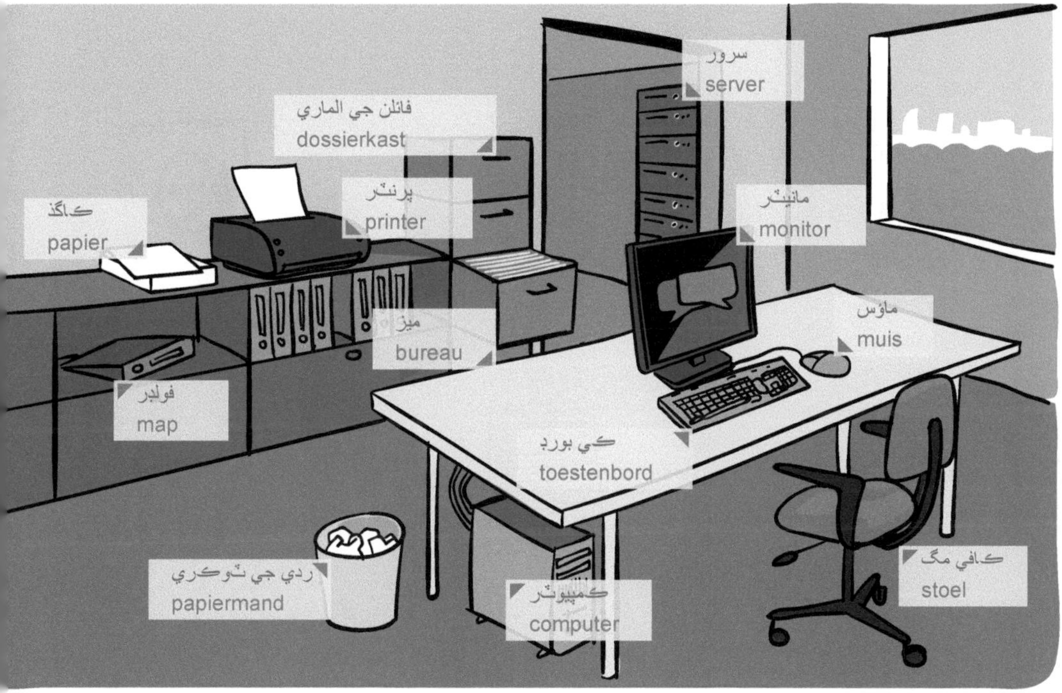

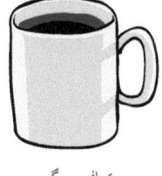

ڪافي مگ

....

koffiemok

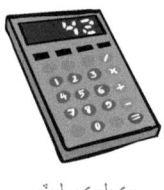

ڪيلڪيوليٽر

....

rekenmachine

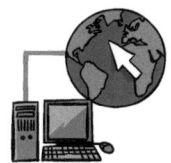

انٽرنيٽ

....

internet

لیپ ٹاپ

laptop

خط

brief

پیغام

bericht

موبائل

gsm

نیٹ ورک

netwerk

فوٹو کاپی کرٹ واری مشین

kopieerapparaat

سافٹ ویئر

software

ٹیلی فون

telefoon

پلگ ساکٹ

stopcontact

فیکس مشین

fax

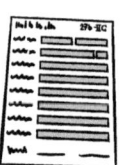

فارم

formulier

دستاویز

document

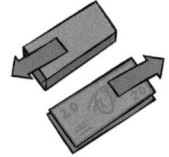

خرید کرڻ

kopen

ادا کرڻ

betalen

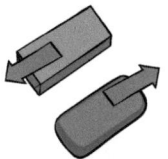

صاف کرڻ

handelen

پیسا

geld

ڈالر

dollar

یورو

euro

یین

yen

روبل

roebel

سوئس فرانک

Zwitserse frank

رینمینبی یوآن

Chinese renminbi

روپیو

roepie

کیش پوائنٹ

geldautomaat

رقم تبدیل کرائٹ جی آفیس

wisselkantoor

سون

goud

چاندي

zilver

خام تیل

olie

تواناني

energie

قیمت

prijs

معاهدو

contract

ٹیکسن

belasting

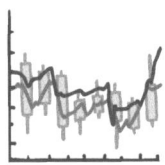

ذخیرو

aandeel

کم کرنٹ

werken

ملازم

werknemer

آجر

werkgever

فیکٹری

fabriek

دکان

winkel

پيشو

beroepen

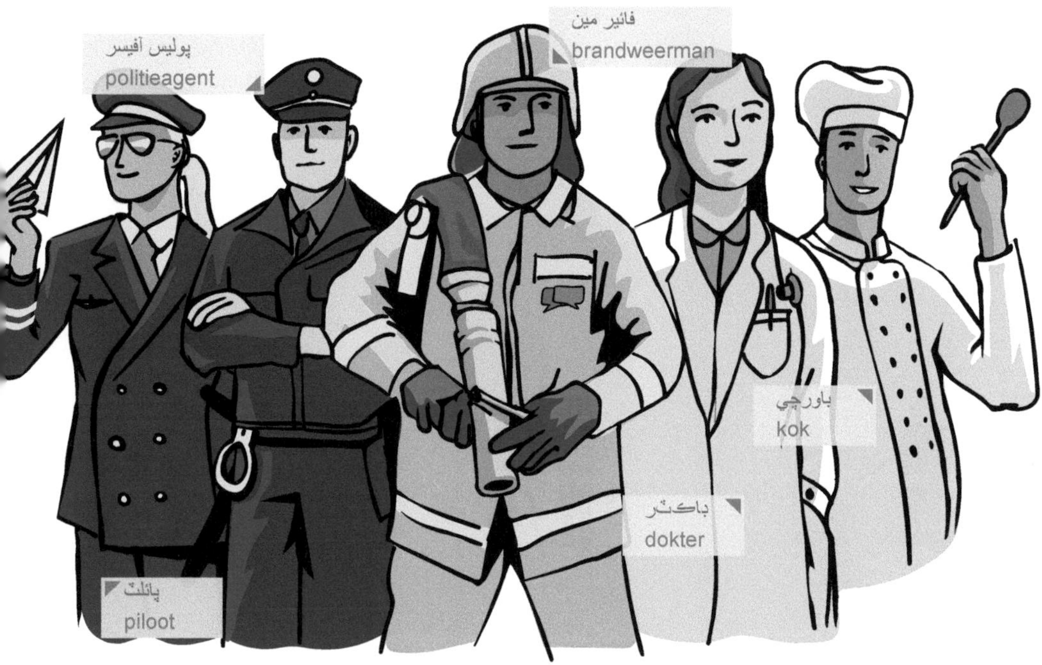

پولیس آفیسر
politieagent
فائیر مین
brandweerman
باورچي
kok
ډاکټر
dokter
پائلټ
piloot

مالي

tuinman

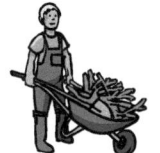

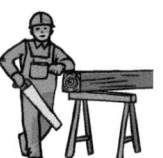

وایو

timmerman

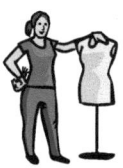

درزن

naaister

جج

rechter

کیمیسټ

chemicus

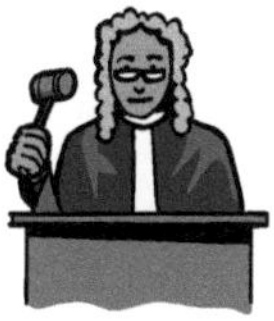

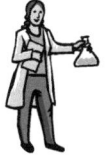

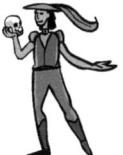

اداکار

acteur

بس ډرائیور

buschauffeur

ٹیکسي ډرائیور

taxichauffeur

مچي مارڼ وارو

visser

صفاني کرڼ واري ماني

schoonmaakster

چهت ٹاهڼ وارو

dakdekker

ویټر

ober

شکاري

jager

رنگ ساز

schilder

نانوائي

bakker

الیکټریشن

elektricien

بلدر

bouwvakker

انجنیئر

ingenieur

کاساني

slager

پلمبر

loodgieter

پوسٹ مین

postbode

سپاهي

soldaat

آركيټيكټ

architect

خزانچي

kassier

گل کپائڼ وارو

bloemist

نائي

kapper

کنډيکټر

conducteur

مکينک

mecanicien

کپتان

kapitein

ډينټسټ

tandarts

سائنسدان

wetenschapper

يهودي عالم

rabbijn

امام

imam

راهب

monnik

پادري

geestelijke

اوزار
werktuigen

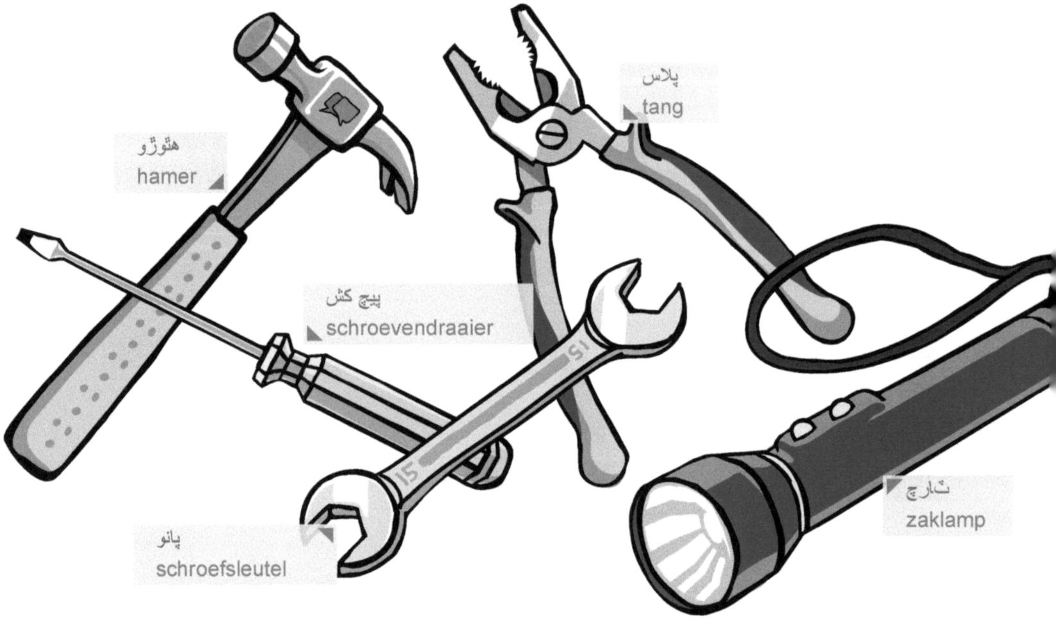
هٿوڙو
hamer
پلاس
tang
پيچ کش
schroevendraaier
پانو
schroefsleutel
ٽارچ
zaklamp

ايڪسڪويٽر
....
graafmachine

ٽول باڪس
....
gereedschapskoffer

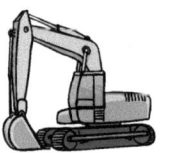

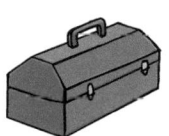

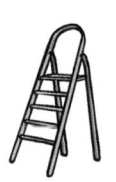

ڏاڪڻ
....
ladder

آري
....
zaag

ڪوڪو
....
spijkers

ڊرل
....
boormachine

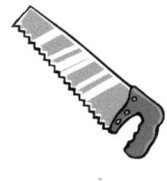

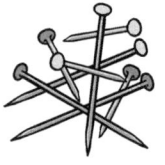

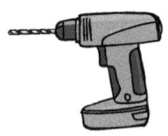

مرمت کرڻ

repareren

بيلچو

schop

لعنت هجي!

Verdomme!

ڪچري دان

blik

پينٽ وارو دٻو

verfpot

پيچ

schroeven

موسيقي جا اوزار
muziekinstrumenten

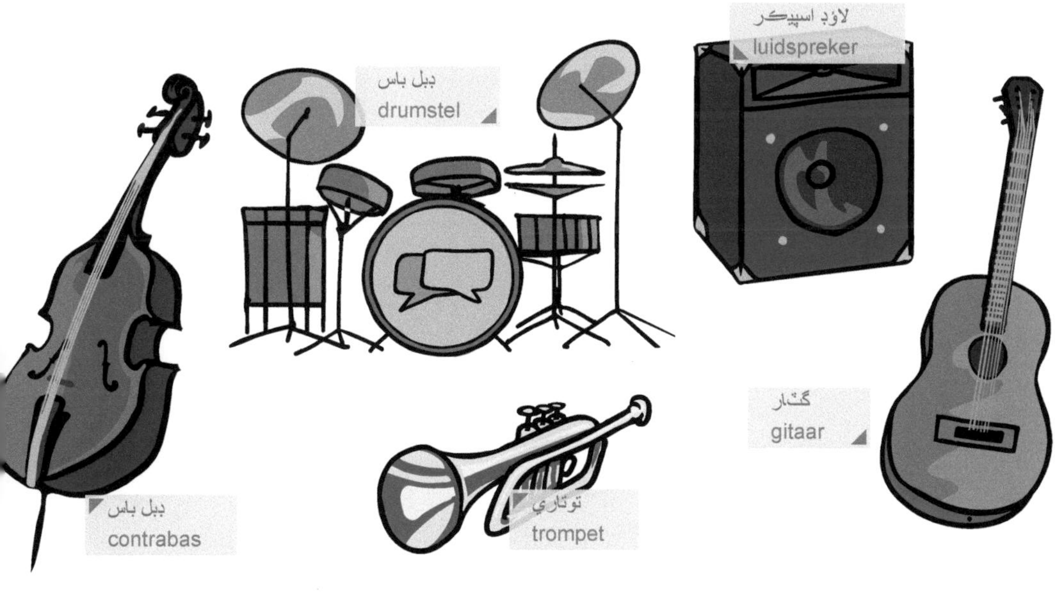

بٻل باس
drumstel

لاؤڊ اسپيڪر
luidspreker

بٻل باس
contrabas

توٻاري
trompet

گٽار
gitaar

پیانو

piano

واٸلن

viool

ګٹار

basgitaar

ٹمپاني

pauk

ډرم

trommels

کي بورډ

keyboard

سیکسوفون

saxofoon

بانسري

fluit

مائیکروفون

microfoon

چڙيا گھر

ZOO

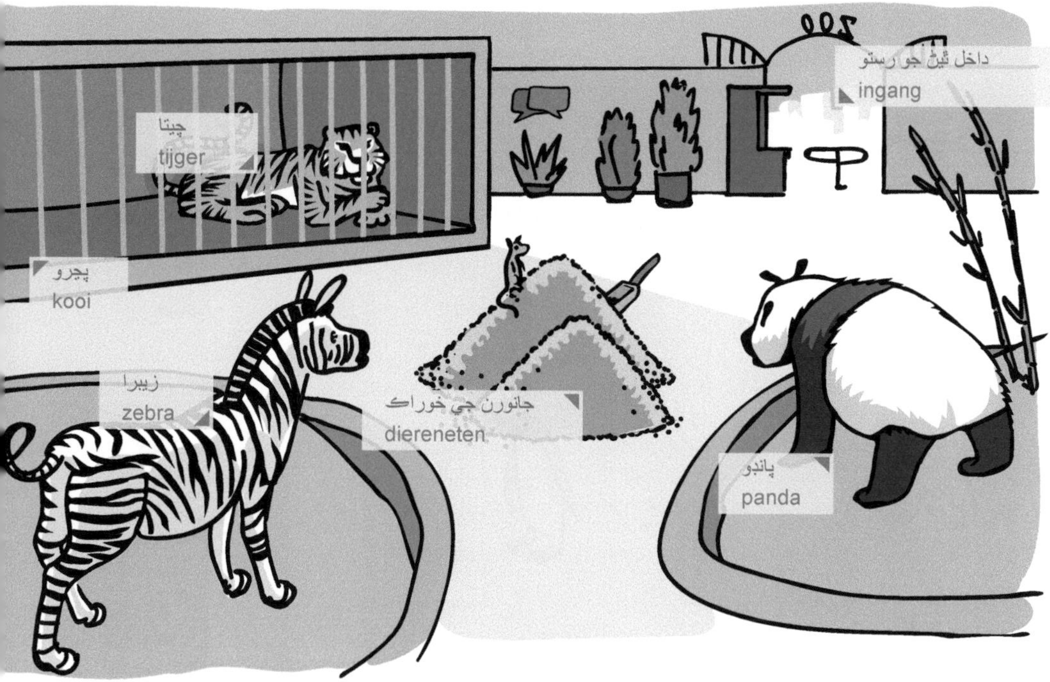
داخل ٿيڻ جو رستو
ingang
چيتا
tijger
پڃرو
kooi
زيبرا
zebra
جانورن جي خوراڪ
diereneten
پانڊو
panda

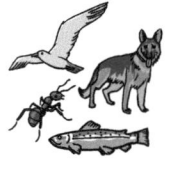

جانور

dieren

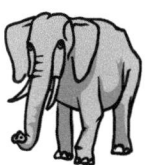

هاٿي

olifant

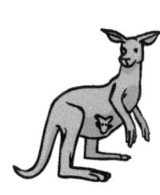

ڪينگرو

kangoeroe

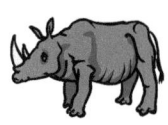

گينڊو

neushoorn

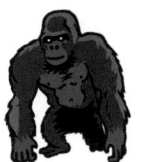

گوريلو

gorilla

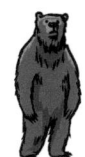

رڇ

beer

اُٺ

kameel

شتر مرغ

struisvogel

شينھن

leeuw

ٻولڙو

aap

فليمنگو

flamingo

طوطو

papegaai

برفاني رڇ

ijsbeer

ڪبوتر

pinguïn

شارڪ

haai

مور

pauw

نانگ

slang

واڳون

krokodil

چڙيا گھر جو محافظ

dierenverzorger

گرج مڇي

zeehond

چيتو

jaguar

ټټــون

pony

چيتو

luipaard

درياني گهوړو

nijlpaard

چزراف

giraffe

باز

adelaar

سونر

wild zwijn

مچي

vis

كمي

zeeschildpad

سامونډي گهوړو

walrus

لومړي

vos

هرڼ

gazelle

sporten

آمریکن فوتبال
rugby

سائکلنگ
wielrennen

ټېنس
tennis

باسکټ بال
basketbal

تېراکي
zwemmen

انس هاکي
ijshockey

باکسنگ
boksen

فوټبال
voetbal

بېډمنټن
badminton

اېتهلېټکس
atletiek

هیند بال
handbal

اسکېنگ
skiën

پولو
polo

كلش
lachen

تپهوڈیٽ
springen

پاكر پائٹ
knuffelen

هلٹ
wandelen

گانو ڳائٹ
zingen

دعا كرٹ
bidden

چمي ڏیٹ
kussen

خواب ڏسٹ
dromen

لكٹ

schrijven

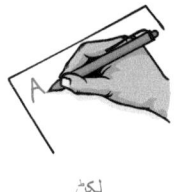

تصویر كشي كرٹ

tekenen

ڏیكارٹ

tonen

ڌكو ڏیٹ

duwen

ڏیٹ

geven

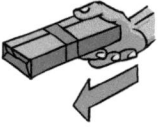

ونٹ

nemen

رکڻ
hebben

ڪرڻ
doen

ٿيڻ
zijn

بيهڻ
staan

ڊڙڻ
lopen

ڇڪڻ
trekken

اڇلائڻ
gooien

ڪرڻ
vallen

ڪوڙ ڳالهائڻ
liggen

انتظار ڪرڻ
wachten

کڻي وڃن
dragen

ويهڻ
zitten

تيار ٿيڻ
aankleden

سمهڻ
slapen

جاڳڻ
ontwaken

ڏسڻ

kijken naar

روئڻ

wenen

ڏڪ ھڻ

aaien

ڪنگي ڪرڻ

kammen

ڳالھائڻ

praten

سمجھڻ

begrijpen

پڇڻ

vragen

ٻڌڻ

luisteren

پيئڻ

drinken

کائڻ

eten

صاف ڪرڻ

opruimen

پيار ڪرڻ

houden van

پچائڻ

koken

گاڏي هلائڻ

rijden

اڏڻ

vliegen

بحري سفر کرڻ

zeilen

حساب کرڻ

rekenen

پڙھڻ

Lezen

سکڻ

leren

کم کرڻ

werken

شادي کرڻ

trouwen

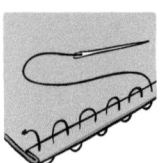

سيڻ

naaien

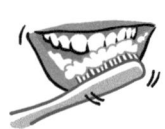

ڏندن کي برش کرڻ

tandenpoetsen

قتل کرڻ

doden

سگريٽ پيئڻ

roken

موکلڻ

sturen

ډاډي يا نانى
grootmoeder

ډاډو يا نانو
grootvader

پى
vader

ماؤ
moeder

بار
baby

ذي
dochter

پټ
zoon

مهمان

gast

چاچي

tante

چاچو

oom

ياؤ

broer

پېټ

zus

جسم
lichaam

پيشاني
voorhoofd
اک
oog
منهن
gezicht
ڪاڏي
kin
ڪلهو
schouder
آڱر
vinger
هٿ
hand
ٽنگ
been
ڇاتي
borst
ٻانهن
arm

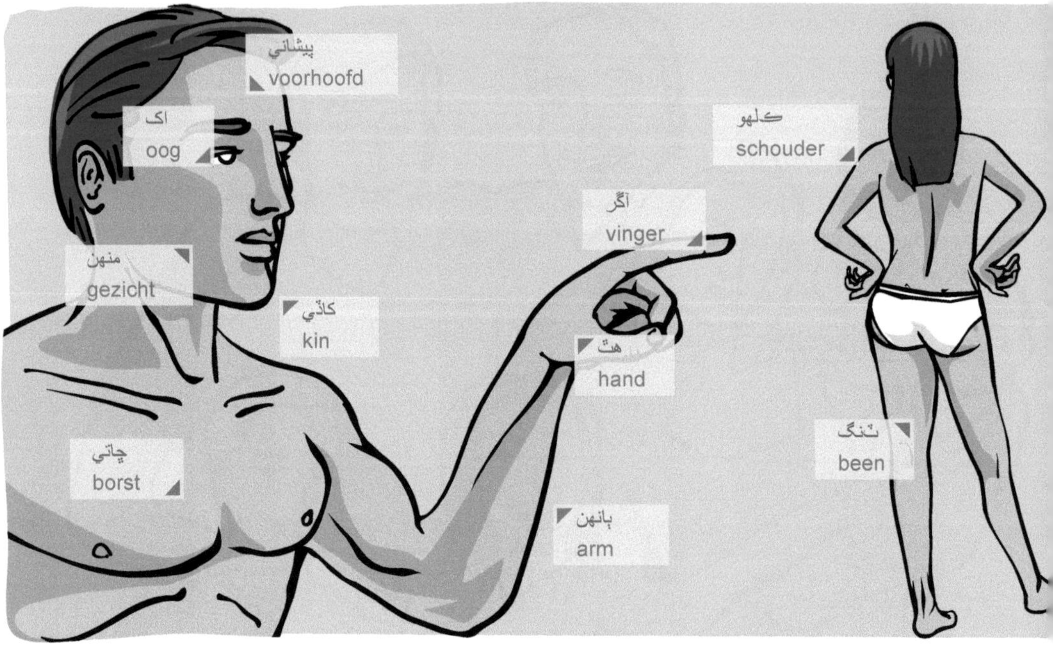

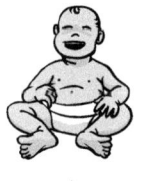

ٻار
baby

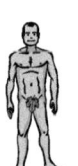

ماڻهون
man

عورت
vrouw

ڇوڪري
meisje

ڇوڪرو
jongen

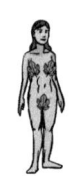

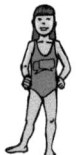

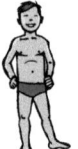

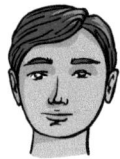

مٿو
hoofd

پٿي
....
rug

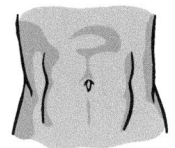

پيٽ
....
buik

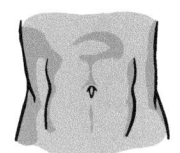

دن
....
navel

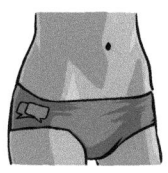

پير جو آڱوٺو
....
teen

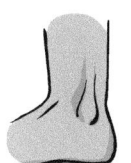

کڙي
....
hiel

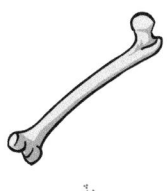

هڏي
....
bot

هنڊ
....
heup

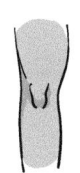

گوڏو
....
knie

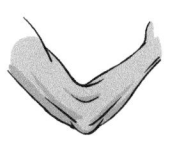

ٺونٺ
....
elleboog

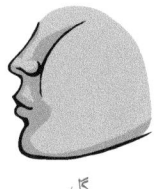

نڪ
....
neus

هينھيون حصو
....
zitvlak

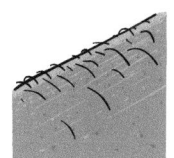

کل
....
huid

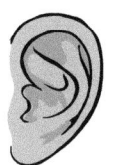

ڳل
....
wang

ڪن
....
oor

چپ
....
lip

وات
....
mond

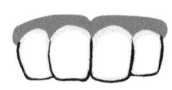

ڈنت
....
tand

زبان
....
tong

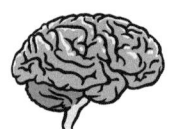

دماغ
....
hersenen

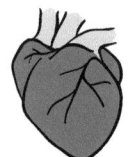

دل
....
hart

ڈورو
....
spier

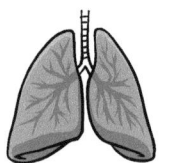

پقڑ
....
long

جگر
....
lever

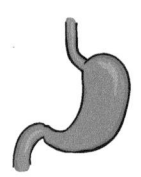

معدو
....
maag

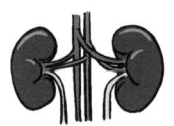

گردا
....
nieren

جماع کرنا
....
seks

کنڈوم
....
condoom

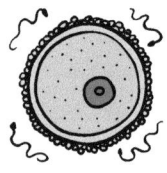

بیضہ
....
eicel

منی
....
sperma

حمل
....
zwangerschap

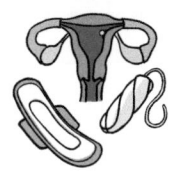

حيض

menstruatie

بِچيداني جي نالي

vagina

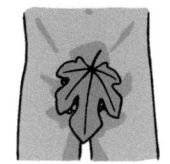

مردائو مخصوص عضوو

penis

پرون

wenkbrauw

وار

haar

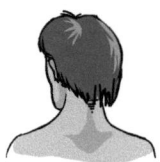

گِچي

nek

اسپتال
ziekenhuis

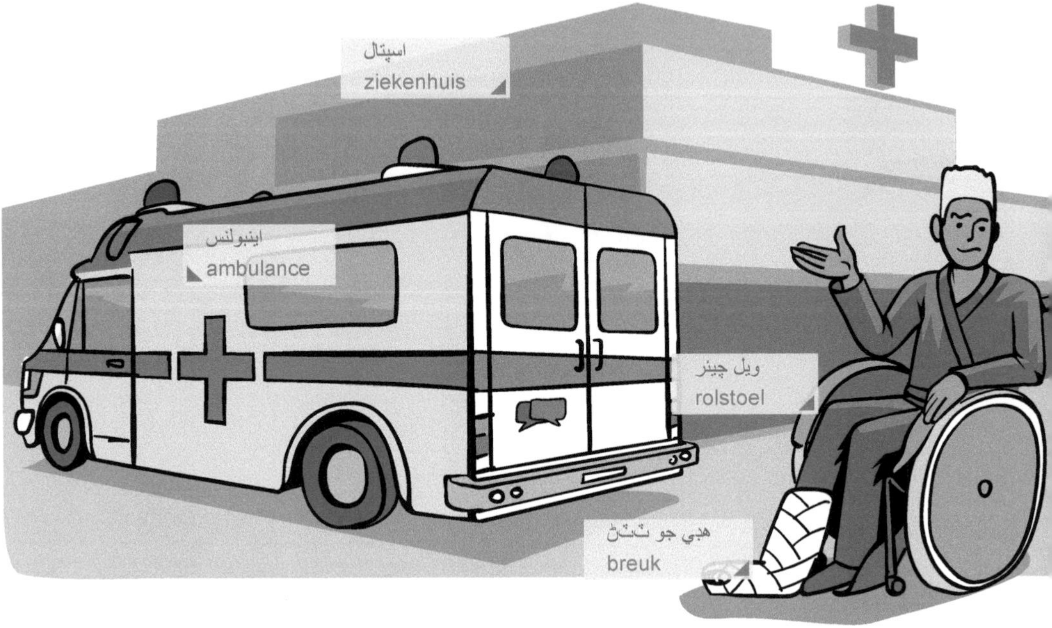

اېنبولنس
ambulance

ویل چیئر
rolstoel

ہڈي جو ٹٹنا
breuk

ڈاکٹر
dokter

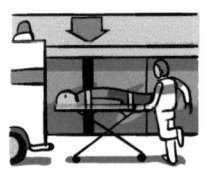

ہنگامي کمرہ
spoed

نرس
verpleegkundige

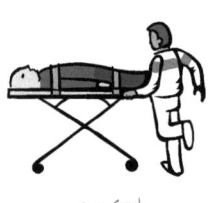

ایکسري
noodgeval

بیہوش
bewusteloos

سور
pijn

زخم

verwonding

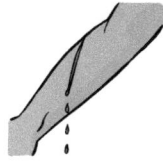

رت وهن

bloeding

دل جو دورو

hartaanval

فالج

beroerte

الرجي

allergie

كنگهه

hoest

بخار

koorts

زكام

griep

دست

diarree

مٿي جو سور

hoofdpijn

كينسر

kanker

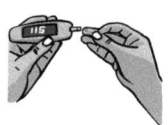

ذيابيطس

diabetes

سرجن

chirurg

جراحي بليڊ

scalpel

آپريشن

operatie

سي ٽي

CT

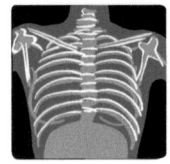

ايڪسري

röntgenstraal

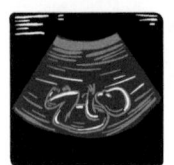

الٽراساؤنڊ

ultrageluid

منهن جي ماسڪ

gezichtsmasker

بيماري

ziekte

انتظار ڪرڻ جو ڪمرو

wachtkamer

بيساکهي

kruk

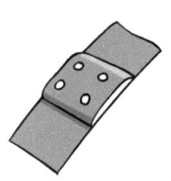

پلاسٽر

pleister

پٽّي

verband

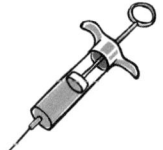

انجيڪشن

injectie

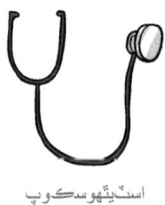

اسٽيٿهوسڪوپ

stethoscoop

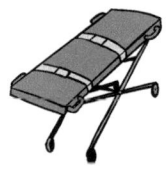

اسٽريچر

brancard

ٿرماميٽر

thermometer

پيدائش

geboorte

موٽاپو

overgewicht

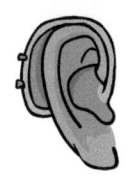

پټنڅ واري ډبوائس

hoorapparaat

جراثيم كش

ontsmettingsmiddel

انفيكشن

infectie

وائرس

virus

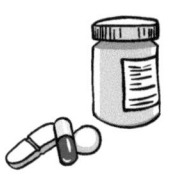

ايچ آئ وي / ايډز

HIV / AIDS

دوا

medicijn

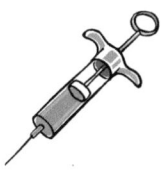

ويكسينيشن

vaccinatie

ټکي

tabletten

گوري

pil

هنگامي كال

noodoproep

بلډ پريشر مانيټر

bloeddrukmeter

بيمار / صحت

ziek / gezond

مدد

Help!

الارم

alarm

جسماني حملو ڪرڻ

overval

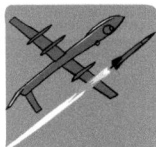

حملو ڪرڻ

aanval

خطره

gevaar

هنگامي حالت ۾ نڪرن جو رستو

nooduitgang

باھ

Brand!

باھ وسائڻ جو اوزار

brandblusser

حادثو

ongeval

ابتدائي طبي امداد

EHBO-kit

ايس او ايس

SOS

پوليس

politie

یورپ

Europa

اتر آمریکا

Noord-Amerika

ڈکڼ آمریکا

Zuid-Amerika

آفریقا

Afrika

ایشیا

Azië

آسټریلیا

Australië

اټلانټک

Atlantische Oceaan

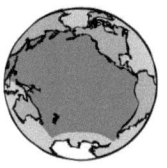

پیسفک

Stille Oceaan

بحر هند

Indische Oceaan

انټارکټک سمند

Antarctische Oceaan

آرکټک سمند

Arctische Oceaan

اتر قطب

Noordpool

ڈکن قطب

Zuidpool

انٹارکٹیکا

Antarctica

زمین

aarde

زمین

land

سمندر

zee

جزیرو

eiland

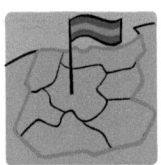

قوم

natie

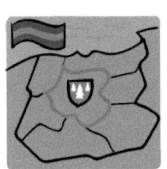

ریاست

staat

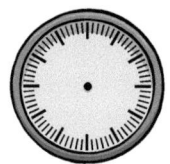

وصو سامهون جو گھڙي

wijzerplaat

كلاك واري سوئي

uurwijzer

منٽ واري سوئي

minuutwijzer

سيڪندن واري سوئي

secondewijzer

ٽائم گھٽو ٿيو آهي؟

Hoe laat is het?

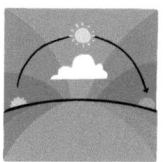

ڏينهن

dag

وقت

tijd

هاڻي

nu

بجيٽل گھڙي

digitale horloge

منٽ

minuut

كلاك

uur

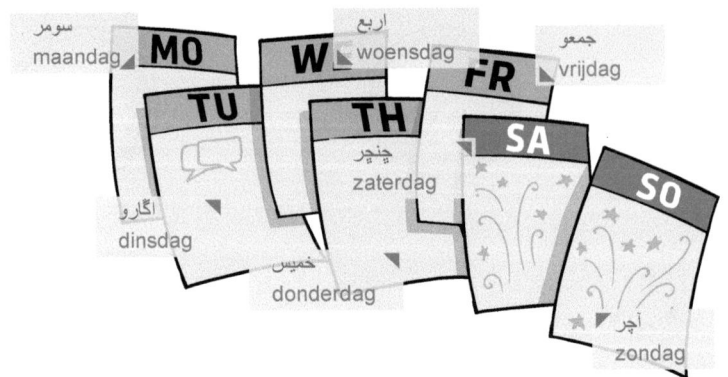

سومر
maandag

اربع
woensdag

جمعو
vrijdag

اگارو
dinsdag

چنجر
zaterdag

خميس
donderdag

آچر
zondag

كله
....
gisteren

اج
....
vandaag

سيائ
....
morgen

صبح
....
ochtend

منجهند
....
middag

شام
....
avond

MO	TU	WE	TH	FR	SA	SU
1	2	3	4	5	6	7
8	9	10	11	12	13	14
15	16	17	18	19	20	21
22	23	24	25	26	27	28
29	30	31	1	2	3	4

كاروباري ڈينهن
....
werkdagen

MO	TU	WE	TH	FR	SA	SU
1	2	3	4	5	6	7
8	9	10	11	12	13	14
15	16	17	18	19	20	21
22	23	24	25	26	27	28
29	30	31	1	2	3	4

هفتي جو آخر
....
weekend

سال

jaar

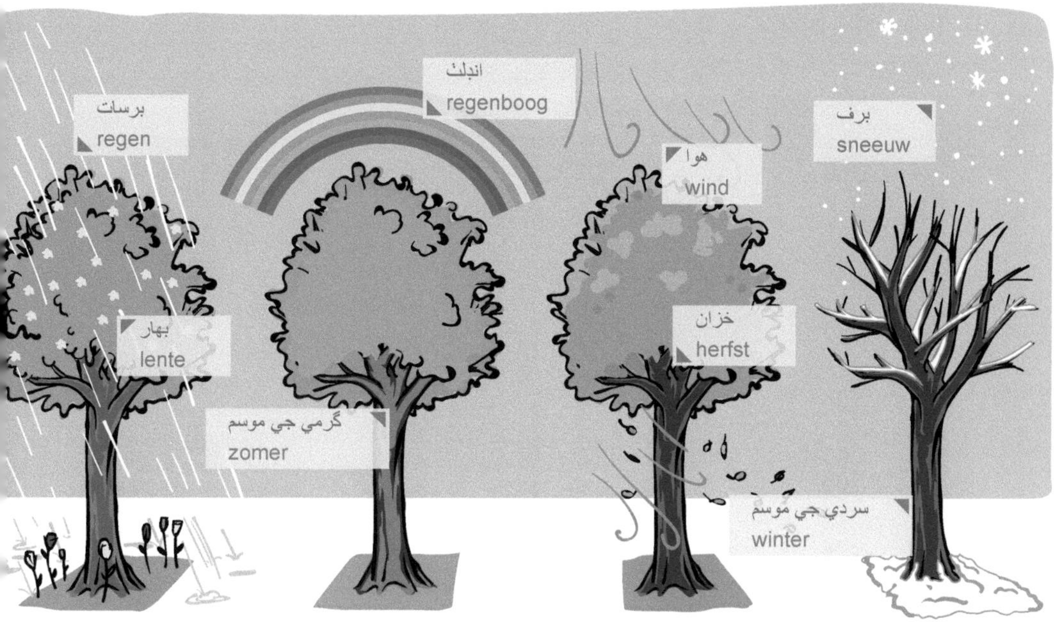

برسات
regen
انڊلٺ
regenboog
هوا
wind
برف
sneeuw
بهار
lente
خزان
herfst
گرمي جي موسم
zomer
سردي جي موسم
winter

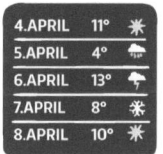

4.APRIL 11°
5.APRIL 4°
6.APRIL 13°
7.APRIL 8°
8.APRIL 10°

موسم جي پيشنگوهي

weervoorspelling

F C
120 40
90 30
60 20
30 10
0 0
-30 -10
-20

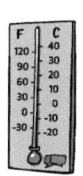

ٿرماميٽر

thermometer

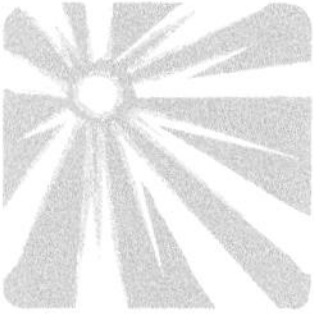

اُس

zonneschijn

بادل

wolk

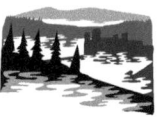

ڌنڌ

mist

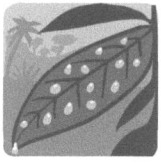

نمي

vochtigheid

آسماني بجلي

bliksem

ٹرماميٹر

donder

طوفان

storm

گڑن جو مينهن

hagel

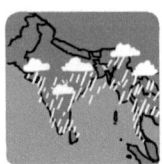

مون سون

moesson

ٻوڏ

overstroming

برف

ijs

جنوري

januari

فيبروري

februari

مارچ

maart

اپريل

april

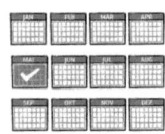

مئي

mei

جون

juni

جولاني

juli

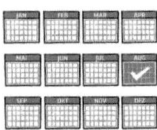

آگسٽ

augustus

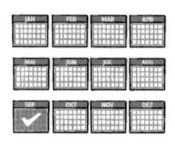

سپٹمبر
....
september

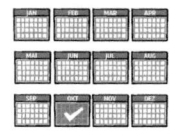

آکتوبر
....
oktober

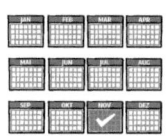

نومبر
....
november

دسمبر
....
december

شکلون

vormen

دائرو
....
cirkel

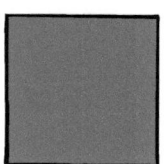

چکور
....
kwadraat

مستطیل
....
rechthoek

ٹکنڈی
....
driehoek

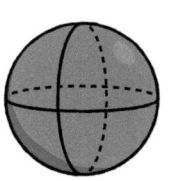

کره
....
bol

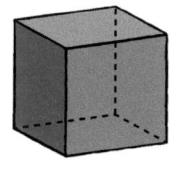

کعب
....
kubus

kleuren

اچو

wit

پیلو

geel

نارنجي

oranje

گلابي

roze

ڳاڙهو

rood

جامني

paars

نيرو

blauw

سائو

groen

ناسي

bruin

پورو

grijs

ڪارو

zwart

گهڼ / ٹورو

veel / weinig

ناراض / پر سكون

boos / kalm

خوبصورت / بدصورت

mooi / lelijk

شروعات / ختم

begin / einde

وڈو / نڈو

groot / klein

روشني / اونده

licht / donker

بهن / بهائي

broer / zus

صاف / خراب

proper / vuil

مكمل / نا مكمل

volledig / onvolledig

ڏينهن / رات

dag / nacht

مرده / زنده

dood / levend

بگهو / تنگ

breed / smal

كاٹڻ قابل نه هجڻ / كاٹڻ جي قابل هجن

eetbaar / oneetbaar

برو / سٺو

kwaadaardig / vriendelijk

پرجوش / بوريت جوشكار

opgewonden / verveeld

موٽو / پتلو

dik / dun

پهريون / آخري

eerst / laatst

دوست / دشمن

vriend / vijand

ڀريل / خالي

vol / leeg

سخت / نرم

hard / zacht

ڳرو / هلكو

zwaar / licht

بک / اڃ

honger / dorst

بيمار / صحت

ziek / gezond

غيرقانون / قانوني

illegaal / legaal

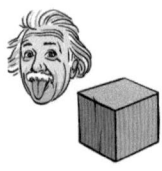

عقلمند / بيوقوف

intelligent / dom

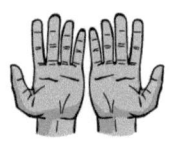

سڌو / ابٽو

links / rechts

ويجهي / پري

dichtbij / veraf

نئون / استعمال ئیل

nieuw / gebruikt

کجہ بہ نہ / کجہ

niets / iets

پوڑھو / نوجوان

oud / jong

آن / آف

aan / uit

کلیل / بند

open / dicht

خاموش / بلند آواز سان

stil / luid

امیر / غریب

rijk / arm

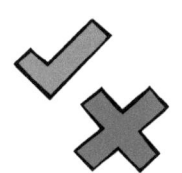

صحیح / غلط

juist / fout

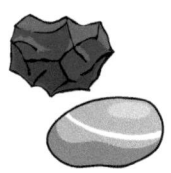

کھورو / لسو

ruw / glad

غمگین / خوش

droevig / blij

مختصر / ڊگھو

kort / lang

آھستہ / تیز

traag / snel

آلو / سڪل ئیل

nat / droog

گرم / ٿڌو

warm / koud

جنگ / امن

oorlog / vrede

0
زيرو
nul

1
هک
één

2
په
twee

3
درۍ
drie

4
څار
vier

5
پنج
vijf

6
څه
zes

7
ست
zeven

8
اتـ
acht

9
نؤَ
negen

10
څه
tien

11
يارهن
elf

12
بارهن
....
twaalf

13
تيرهن
....
dertien

14
چوڈهن
....
veertien

15
پندرهن
....
vijftien

16
سورهن
....
zestien

17
سترهن
....
zeventien

18
ارژهن
....
achtien

19
اوثويه
....
negentien

20
ويه
....
twintig

100
سو
....
honderd

1.000
هزار
....
duizend

1.000.000
ڈه لک
....
miljoen

انگريزي

Engels

آمريكي انگريزي

Amerikaans Engels

چيني ميندبارن

Chinees (Mandarijn)

هندي

Hindi

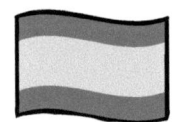

اندلسي بولي

Spaans

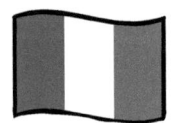

فرانسيسي

Frans

عربي

Arabisch

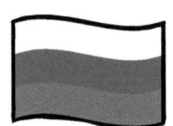

روسي

Russisch

پرتگالي

Portugees

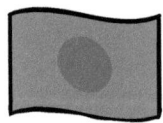

بنگالي

Bengali

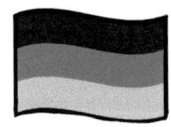

جرمن

Duits

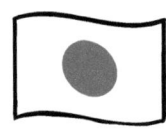

جاپاني

Japans

مان

ik

تون

u

هي چوكري/ هي چوكرو / هو

hij / zij / het

اسان

wij

تون

u

هو

ze

كير؟

wie?

چا؟

wat?

كيئن

hoe?

كٿي؟

waar?

كڏنهن؟

wanneer?

نالو

naam

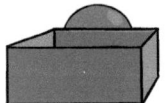

پويان

achter

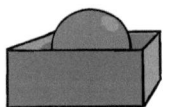

in

جي سامهون

voor

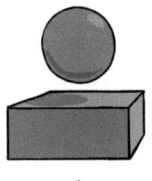

مٿي

boven

تي

op

هيٺ

onder

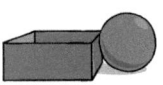

گڏ

naast

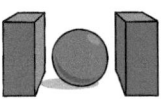

وچ ۾

tussen

جڳه

plaats